습

도업 시집

인지
생략

들꽃시선 146
습

지은이/도업
펴낸이/문창길
초판인쇄/2022년 7월 20일
초판펴냄/2022년 7월 25일
2쇄 펴냄/2025년 5월 25일
펴낸곳/도서출판 들꽃
주 소/100-273 서울 중구 서애로 27(필동3가) 서울캐피탈빌딩 B202호
전 화/02)2267-6833, 2273-1506
팩 스/02)2268-7067
출판등록/제2-0313호
E-mail:dlkot108@hanmail.net

값 10,000원
* 파본된 책은 바꾸어 드립니다.

ISBN 978-89-6143-222-1 03810

■ 이 시집은 2022년 한국예술인복지재단 창작지원금 사업에 선정되어 발간되었습니다.

들꽃시선 146

습

도업 시집

| 자서 |

오늘처럼
여름 그늘이 우거지는 날이면
나는 흔연한 그대를 봅니다.

오늘처럼
백일홍 꽃그늘이 무성한 날이면
나는 연분홍 속살 드러내며 사랑을 노래하던
낭소朗笑한 그대를 봅니다.

2022년 여름
도업

| 습 |

차례

제1부 기도

| 습 |

제2부 봄

제3부 수행의 꽃

제4부 티끌 천지

제1부 기도

가끔은

오늘처럼
여름 그늘이 우거지는 날이면
나는 흔연한 그대를 봅니다.

오늘처럼
백일홍 꽃그늘이 무성한 날이면
나는 연분홍 속살 드러내며 사랑을 노래하던
낭소朗笑한 그대를 봅니다.

오늘처럼
여름 태양이 이글거리는 날이면
나는 땀으로 온몸을 적시며 삶을 이겨내던
덩굴손처럼 가냘픈 그대를 봅니다.

집채 만한 파도와 세찬 풍랑風浪에도
유유히 그물 마디마디 손길로
삶을 낚아 올리던
구릿 빛으로 그을린 그대를 봅니다.

저녁 노을이 지는 갯바위에서
마음에 생긴 가시들
마음의 앙금 끊으면 사라진다며
무상을 노래하던 그대를 봅니다.

굽이굽이 생로병사 인생의 고갯길에서
몰록 홀로
니르바나 연꽃 향기 그윽한 길로 가셨나이까?
그대 이제, 다시 신록으로 다가와 서성이는
찬란한 그대를 봅니다.

지금은
제철을 만난 무성한 푸름과 일곱 빛깔의
무지개 그늘이 아름다운 여름 날입니다.

가을 산책

구월
어느 새 가을을 걷는 시간이다.

완연한 가을 채색 그야말로 장관이다.

둑길 가득 코스모스 웃어 반기는
여기 가을이 익어간다.

땅地 · 물水 · 불火 · 바람風으로 여문
풍요로움이 차곡차곡 쌓이는
여기 가을이 익어간다.

나지막한 담장아래
말간 홍시의 붉은 빛을 닮은
여기 가을은 익어간다.

밭이랑 둑길 넝쿨마다
노르스름한 호박이 탐스럽게 매달린

여기 가을은 농익어 간다.

지금 이 순간
너와 나의 염원念願이 밀려오는
여기는, 완연한 가을이다.

가을 언저리

해바라기가 노랗게
가을을 물들이는 날
모두 팔만대장경의 삼밭입니다.

사시사철
흙을 기둥삼아 비구름, 태양, 바람으로 가득 채워진 것
모두 연기의 삼밭입니다.

알록달록 온갖 꽃으로 장엄된
뻗치는 성스러움의 에너지들
파랑새 불모가 모두 화장세계의 삼밭입니다.

저 멀리 하늘 언저리에서
서성거리며 맴도는 하얀 양떼구름이
모두 우리가 몰고 온 마음입니다.

가을 여행

성근 마음자리
햇살 털어 말릴 때

풀 향기 짙은 산기슭에
살포시 내려앉은 황금빛 물결

저 멀리 산허리 능선 겹겹마다
쉬고 있는 하얀 양떼들

돌담 사이 핀 노란 들국화
숲속 양지 산비장이*
들녘 코스모스

만상이 한가로운
햇살 좋은 가을날

* 산비장이: 국화과 꽃이다. 산지에서 흔히 볼 수 있는 가을꽃이다.

간이역

누구나 역전 대합실에선 기다림에 익숙하다. 낯선 얼굴들과 흩어져 사라지는 무수한 발자국들 낯설게 전해오는 잦은 아우성들 낯선 얼굴들이 옷깃에 묻힌 어둠을 지우고 있다. 시계탑 초침소리는 용감하게 오늘 하루를 갉아먹고 있다. 오늘도 열차는 낮은 하늘을 머리에 이고 기별 없이 스친다.

겨울 생각

싱그러운 초록 계절은 아니지만
눈 시릴 정도의 푸른 바다를 닮은
하늘이 있어 좋습니다.

그 푸른 바다
무정 유정들이 참 많이도 살고 있어
늘 그들이 고맙습니다.

냉기어린 삼라만상
따뜻한 햇살로 품어주는
태양이 있어 좋습니다.

오색찬란한 색색 빛깔들로
세상사 구석구석 모든 이들의 방석 되도록
알려주는 하얀 무상無常이 있어
참으로 행복한 겨울입니다.

겨울 속의 봄

천년의 염원이 서린 오대산 적멸보궁에
눈부신 봄이 피었다.

온통 헐벗은 나무숲에서
시린 한파를 알몸으로 견디며

한 걸음 한 걸음 내딛는 걸음마다
고이 간직한 연분홍 해탈의 꿈

오늘도 오가는 행인들을 위해
곱디고운 연분홍 얼굴에
눈부신 햇살 담는다.

겨울의 여울목에서

얼었던 땅이 解冬하던 날
까치들도 그들의 언어로 수다스러워집니다.

겨울이 가고
만물이 소생하는 따뜻한 봄날이 오고 있다고

차갑던 동장군은 아직도
품삯을 제대로 받지 못했다고 심술을 부립니다.

풀꽃들이 하늘을 향해 손짓하는 날
드디어 진홍빛 이른 봄
청아한 음색으로 바이올린을 연주합니다.

계절이 떼어 낼 때까지 차마 어쩌지 못하고 있을 때
순간 성큼성큼 걸어 들어온
찬란한 오색꽃신을 신은 푸른 구름 발목을 봅니다.

이제는 세상만사 시끄러운 사연 모두 떨쳐 보내고

느바기* 할 때라 하면서

우리는 이제, 느바기로 높푸른 하늘을
허허로이 날아다니는 한줄기 바람으로
겨울 여울목에 서 있습니다.

* 느바기: 느리고 바르고 기쁘게 란 뜻이다.

겨울 회상

헐벗은 나무들 사이사이로
살포시 내려앉은 하얀 서리 물결들

숱한 인연의 길목에서
생명의 숨결로 빛나던 푸르른 들녘은

또다시 무상無常의 빛으로
텅 비워지고

바닷가 울창한 송림松林 향기가
비릿한 암청색 기운을 몰아내고

천 길 낭떠러지 바위아래
오늘도 철없이 핀
붉디붉은 동백꽃이 고와라.

근하신년

근하신년 새해에는
육근六根으로 흔들리는 평안보다는
순금으로 된 불성佛性의 청정함을 얻게 하소서.

신년 새해에는
순간순간의 찰나마다
수없는 인생의 애착에 걸린 뭇 중생들에게
천백억 화신의 법안法眼으로 요설변재력*을 주소서

신년 한 해에는
모든 중생들의 마음 마음마다
큰 선적력善寂力*으로
세세에 부처님 만나게 하소서.

부처님, 부디
우리 모두의 발원이
평안으로, 평안으로 이르게 하소서.

* 요설변재력: 중생들이 원하는 바에 따라 자유자재로 법을 설하는 능력.
* 선적력: 지혜의 힘.

기도

올 한 해
신년 새해에는

항상 유행함에 두려움 없고
무채색 거울처럼
맑고 투명한 마음이기를 기도합니다.

바람이 허공에 노는 것과 같이
깨끗한 태양의 바퀴처럼
혼돈되지 않는 마음이기를 기도합니다.

하늘을 향해 두 팔 크게 벌려
온 우주를 끌어안은 대지의 심장처럼
언제나 용서와 화해의 마음이기를 기도합니다.

천둥우레 소리에도 놀라지 않고
언제나 걸림이 없는 허공처럼
담대한 마음이기를 기도합니다.

이 순간 세상사 모든 일에도
작은 티끌에도 집착하는 마음
없기를 간절히 기도합니다.

그대처럼

그대에게 나는, 설빙雪氷녹은 후 돋아나던
봄날의 풀잎처럼 유연함을 줄 수 있는 존재이기를

그대에게 나는, 뇌전후雷電後 피어나던
여름날의 꽃잎으로 화사함을 베풀 수 있는 사람이기를

그대에게 나는, 된서리 후 익어오던
가을날의 오곡백과의 풍성함을
뭇 생명들에게 보시할 수 있기를

그대처럼, 나는 엄동설한嚴冬雪寒에 내린
겨울 날 순백의 순수함을 간직한 사람이길 소망합니다.

내 안의 부처에게

창밖을 향해 세월을 부른다.
“세월아 내월아”
노연陶然한 목소리

안타깝고 조화로운 마음
묶어두고 싶은 시간들
“세월아 내월아”

맑디맑은 마음의 청량함으로
억겁의 습기번뇌 해탈코자
“세월아 내월아”

온갖 가지 속박으로 얽매여서
허공에 찍힌 기러기 발자국 찾아
“세월아 내월아”

한량없는 억겁동안 밝혀온 지혜등불
햇빛불꽃 진주바퀴 구름 퍼지듯

앞으로 연꽃 향 · 자비의 꽃으로 피어날
"세월아 내월아"

꽃님 상투 청아한 부처님
햇빛 비단錦 한 자락 깔고서
검푸르고 빛난 눈으로 빙그레 웃으신다, 오늘.

눈개승마 꽃

지상은 뜨거움과 차가움이 공존하고 있습니다.

거대한 자연방화의 불꽃으로
피켓 든 사람들의 차가운 한기로 가득합니다.

그들은 끝이 뾰족한 깃꼴겹잎으로
서로를 원망하고

때론 가장자리에 파고드는 톱니처럼
서로를 증오하며

각각에게 주어진
소중한 시간을 허비합니다.

아름다운 부채꽃 모양으로
익을 때는 광채가 있는 하얀 눈개승마* 꽃처럼

이제 가볍게 모두 내려놓고

유리알처럼 맑은 푸른 여름날이고 싶습니다.

* 눈개승마꽃: 장미과의 식물로 개화시기 6월~8월이며, 주 분포지는 한국이며, 전국 각처의 고산지역에서 자라는 다년생 초본의 여름꽃이다.

늦가을 풍경

허공에 거꾸로 앉은
무수한 구름들이 자취도 없이
사라지는 날

사각 사각
귓전으로 들려오는
낙엽 밟는 소리에

온 삼라만상이
아기처럼 살포시 웃고 있는
만추晩秋를 본다.

달빛

방문을 열고 밖으로 나갔더니
차가운 바람이
어느 새 내 옷깃을 잡아끈다.

시월의 끝자락을 보낸 너는
휘영청 밝은 달빛으로 서성이고

바람결에 이리저리 차이는
무상의 흔적들 사이로
이제 또 다른 아침이다.

모든 이들이여, 부디 오늘 하루 행복하시길.

들국화

찬 서리 내리고 바람소리 청아한 날
하나둘씩 차별 없이
모여드는 벌 · 나비 · 사람들

산비탈 양지바른 숲길에
인고의 세월 견디며

저마다의 시선으로
심고 심은 무수한 삶의 느낌표들

그 불가사의함으로
하나하나 자재하고
헤아릴 수 없는 장엄으로 만개한

당신은
노란꽃술, 불꽃 보배로 노랗게 만발한
가을 날의 선물입니다.

무상無常

여름 동안 노숙하며 왁자지껄하던 계곡에
고요한 바람이 일면

계곡은 잠깐 갰다
잠간 비 오고 다시 맑아진다.

울퉁불퉁
샛길너머로 길게 늘어선
나무 군락들

산은 여전히 푸르고
구름은 쉼 없이 흘러가는

오늘도
끊임없이 순환하는
生 · 老 · 病 · 死

제2부 봄

목단 꽃

바람이 따뜻한 향기를 몰고 와
어느 새 어여쁜 모습으로
피어난 당신을 보아요.

지난 날 부끄러운 기억들
낡은 껍질들은
이젠 나무거름으로 던져주어요.

내면이 샛노랗게 반짝이는
도도한 보랏빛 향기처럼
새벽 이슬같이 우리 그렇게 살아요.

마음

우주만물이 늘 푸르지만은 않듯이

우리 인간의 마음도 여러 겹입니다

착한 마음
악한 마음

탐내고 화내고 그릇되고
분별 집착하는 마음입니다

성자들은 말합니다.
이 모두가 팔만사천의 번뇌 망상을 만든다고

단지 허망한 생각일 뿐
진실이 아니라는 것을, 알아야 한다고.

봄

쌓였던 눈이 시나브로 녹아 없어지면
인연의 끝을 보내리

강가에 서 있는 갈대처럼
외로움에 흔들리지 않으리

머지않아 너는
푸른 고독의 싹을 피우리

겨울, 그 천의 표정위에서
너는 붉은 그리움
정갈함으로 넘나든다.

봄날

생명은 萬象의 시간 속에
잉태되어 있는 한 줄기 그리움 같다.

시간은 아우성치는 바람으로
향기로운 걸음을 잰다.

지나버린 시간 속에 박혀서
몸부림치는 건
온전히 추억의 그림자일 뿐

오늘도 지속되는 건
순환하는 무상일 뿐이다.

지금 이 순간, 나는
거미줄에 매달려 있는
아슬아슬한 또 하나의 봄날을 본다.

봄 마중

회색빛 숲속에 버려진 태양
헐벗은 알몸으로
인고의 세월을 견딘 나무들

가지마다 새움이 돋아나
겨울 자취를 지울 때

저 멀리 논도랑 · 밭도랑에서
껑충껑충 뜀박질하며 놀고 있는 어린 까치들

행인들이 바라보며
배시시 옅은 미소 지으면
분주한 걸음을 걷는

보슬보슬 이슬비
닫혔던 생각의 그늘 지우고
미묘한 바람을 타고 세상을 적신다.

봄의 향연

봄 이슬을 머금은 법의 도량에
올망졸망 노란 꽃망울들
참으로 어여쁘네.

하얀 겨울은 어느 사이
처맛기슭 끝에 매달려 있고

산수유 노란 꽃눈망울
해맑은 천진불 미소 고와라

발그레한 얼굴 위로
쏟아지는 연꽃광명 · 불꽃광명
향연을 즐기는

깊은 산자락에 조용히 적셔오는
풍경소리
춘삼월, 새봄이다.

봄이 오는 소리

순환의 문턱에서
항상
꿈틀
꿈틀

따스한 햇살에 기어드는 바람
살포시 품에 안으면
진주그물처럼
영롱한 봄이다.

봄 햇살

해맑은 아기웃음소리인 듯

꼬부랑 어르신 마중 나오듯

어느 순간 살며시

배어나오는 봄 햇살

임이시여, 지금

세상은 향기로운 봄꽃으로 가득하다오.

부처님 오신 날

지금 우주 산하는
아름다운 봄꽃들로 만개하고
아카시아 꽃향기로 세상을 채우고 있습니다.

지혜와 대자비의 광활한 마음으로
세상을 장엄하신 아름다운 당신의 생일입니다.

하늘하늘 춤추고 있는
시냇가의 능수버들도

산기슭 모퉁이 사이로 드러난
황금빛 달맞이꽃들도

숲속 꽃향기 가득한 길가에서
깡충깡충 뛰노는 어린까치들도

당신의 생일을
청정한 마음으로 축하합니다.

모두가 오색연등처럼
밝고 아름다운 환한 미소로
오늘, 당신의 생일을 즐겁게 노래합니다.

불심佛心

하얀 겨울바람 머물던
양지바른 언덕길에서
어느 새 활짝 웃는 그대를 봅니다.

산하대지 우주만상의 무한한 노력으로 빚어낸
오색찬란한 연두빛 언덕입니다.

짙은 산등성이 아래
강물 위를 유유히 흐르는 달빛 별빛입니다.

형상 없는 바람의 급소에서
소리 없이 녹아내리는 설빙의 뜨거운 열기입니다.

당신은, 언제나 우리를
佛心의 숲으로 깊숙이 끌어당기고 끌어당길
보배로운 진리의 태양입니다.

사계절

허허로운 들판에
어제를 닮은 오늘이 있다.

만물이 소생하는 봄날은
겨울을 담은 연두 빛 향가鄕歌

동네어귀마다 보드라운 속살
살포시 내밀던 연분홍 얼굴들

푸른 신록 여름날은
왕성한 찬가讚歌

산속 능성이마다 압도하던 근육
연신 보여주던 초록빛 나무군락들

우주만물 황금빛으로 눈부신 가을날은
풍족한 축제祝祭의 장

긴 해수를 넘나들던 굵은 이랑
해풍海風따라 움직이던
해조음海潮音들

온 세상이 은색 빛으로 영롱한 겨울날은
적멸寂滅의 곳간

이제, 고요한 물마루 정원에서
무상의 자취를 노래하는
찬란한 내일을 본다.

산울림

간밤에 여름바람이
왁자지껄해
밤새 나도 노숙을 했다.

아침에 일어나 바깥 계곡을 둘러보니
시끄러움은 자취도 없고
은백색 운무만이 흘러가고

하얀 운무 쌓인
천 길 낭떠러지 절벽 사이 사이마다
흙, 비구름, 태양, 바람 기둥삼아

딱따구리는 딱 딱 딱 딱
휘파람새는 짹 짹 짹 짹
개똥지빠귀의 구슬픈 울음소리

산야에서 머물 곳을 찾는
너를 본다.

삼성산 기슭 산사에서

바람 따라 하늘하늘
출렁이는 열무꽃 물결

노란 열무 꽃장대 마다
노랑나비 앉아있다.

그동안 없었는데 어디서 왔나요.

싱그러운 숲속에서
들려오는 은은한 휘파람소리

푸른 나무줄기 사이에
휘파람새 긴 꼬리 흔들며 앉아있다.

한동안 없었는데 어디 갔다 왔나요.

오늘, 솔향기 짙은 삼성산 기슭 산사에서
점점 깊어가는 여름 낮 풍경을 본다.

삶의 연가

그대의 발걸음마다
물들이는 마음
걸음걸음이 꽃이다.

은빛 금빛으로 찬란했던
우리들의 시간
잊을까 두려워

한 해의 마지막
눈 내리는 날에
그리움의 기억을 짓는다.

삶이란

무상으로 돌고 도는
인드라망그물처럼
어여쁜 봄이다.

천 잎으로 물들인 만행의 꽃이
노을처럼 피어나는
어여쁜 여름이다.

자욱한 구름이
연꽃 그물에 걸린
광명의 불꽃처럼 어여쁜 가을이다.

흙 · 물 · 불 · 바람의 향연으로
황금빛 저녁 노을이
어여쁜 겨울이다.

임이시여, 부디 왕생극락하소서.

- 49재 추모 詩

천지를 물들이는 꽃들의 고운 빛깔은 이 法의 도량에서 추모의 향기로 흩어지고 삼월 바람은 새파란 하늘에서 일렁입니다.

이제, 우리 모두는 당신이 보았던 세상을 제대로 보여주는 삶을 살도록, 그리하여 우리의 마음 행로에 연꽃향기 그윽할 수 있도록, 얕은 물가에 찰랑이는 물결의 노래가 아닌, 깊은 바다 너울 밑에 자리한 긴 울림의 꽃으로 피어날 수 있도록 일러주신 자비스러웠던 당신을 추모합니다.

햇살 밝은 날 비천상 등허리 포근히 감싸 안고 세상사 살펴보는 자애로운 얼굴, 온화한 미소로 임이시여, 부디 왕생극락하소서.

여울지듯 멀어지는 임의 흔적들, 이제는 世上 萬象 맑고 맑은 침묵의 빛으로, 오색 영롱한 빛으로 회광반조廻光返照하소서.

진홍빛 진달래 샛노란 개나리 아직은 수줍은 듯 여린 꽃잎에 머물러 있는 이 아름다운 봄날에 임이시여, 부디 왕생극락하소서.

저 높고 푸른 하늘 닮은 임이시여. 따뜻한 그리움이 한 조각 솟아나 상쾌한 삼월 하늘 두둥실 높이 뜬 하얀 뭉게구름 피어나듯 임이시여, 부디 왕생극락하소서.

당신의 삶은 아름답고 향기로움 그 자체였기에, 이제 당신이 남기신 의미와 열정의 향기는 흘러가는 저 구름 위에 띄워 보내시고 임이시여, 부디 왕생극락하소서.

세상만사 모든 생각의 근육들 이제는 내려놓으시고, 향기로운 바람이 실어 나르는 蓮香 따라 임이시여, 부디 왕생극락하소서.

희뿌연 온갖 하늘 끌어안고 無常으로 달려온 세월일랑 이제 내려놓으시어 아미타불 法香따라 안양국에 머무시다 속환俗還사바(娑婆, sahba)하시어 모든 중생 제도하여지이다.

순환

무상으로 남실거리는 생명의 땅

풍고풍하風高風下*

순간
순간
일렁이는 금빛 · 은빛 시간들

봄
여름
가을
겨울

이는
돌고 돌뿐, 기억의 흔적들로 채워진
무상이다.

* 풍고풍하: 봄과 여름은 바람이 낮고 가을과 겨울은 바람이 높다는 뜻.

순환의 이치

청뢰*
 숨결은 다복솔에서 노닐더니
어느 듯 낙엽이불로 속살을 채우고

꿈틀꿈틀 유유한 바람은 작은 떨림으로
여린 숨을 토해낸 까치놀*이 되었다.

언제나 검푸른 눈으로 인자하게 세간 살피던
모록 모록한 청뢰의 설법

돌아본다.
너와 내가 숨 가쁘게 스쳐 지나온 간이역들
너와 나의 자리自利와 이타행利他行을

하루의 삶을 태양에 엮어
소나무 군락이 도드라지는
순환 반복의 문턱으로 들어섬을
그대 아는가.

* 청뢰: 맑은 바람 소리.
* 까치놀: 석양을 받은 먼 바다의 수평선에서 번득거리는 노을.

서원誓願

당신은 기도합니다.

하늘 닮은 쪽빛 심연深淵의 바다에
저마다 한가로이 노닐
불종佛種의 대자비심으로 우뚝 서게 하소서.

오색찬란한 색색이 빛깔들로
세상사 구석구석에서 모든 이들의 방석이 되도록
알려주는 당신이 있어 참으로 행복한 날이게 하소서.

냉기어린 삼라만상을
따뜻한 햇살로 풀어주는
당신이 있어 행복한 우리이게 하소서.

세상의 모든 이여
잃어버린 본성本性마다
오색찬란한 무지개 뜨는 날이게 하소서.

오늘도 하루하루 비우는 삶으로
각자의 심성心性으로 장엄되는 일주문一柱門이게 하소서

당신은 살아있는 모든 이의 삶을 위해
오늘도 간절한 축원기도 올립니다.

새해기도

부디 새해에는
내 영혼이 탐貪 · 진瞋 · 치癡 삼독으로
녹슬지 않기를 기도합니다.

부디 새해에는
그대의 영혼이 길을 밝고 떠나간 시간 속에
또 다시 얼어붙지 않기를 기도합니다.

부디 새해에는
내 영혼이 보이는 것과 들리는 것
6가지 감각에 집착하지 않기를 기도합니다.

부디 새해에는
그대와 나 우리 모두의 영혼이
우주광명의 웅대한 모습 그대로 드러나
빛나길 기도합니다.

임이시여, 부디 을미년 새해에는

검은 미혹의 눈을 떼어내고
항상 파란 하늘을 볼 수 있는 존재이게 하소서.

새해 연가

별빛 달빛 그슬리던 밤
늙은 시간 묵은 해는 간다.

젊은 시간 신년 새해
정수리에 가득 담긴 붉은 태양

너와 나, 우리 모두는 한 줄로 연결된
거미줄 같은 인연의 실타래

일년 삼백육십오일
더함도 덜함도 없을 시간들

그대여, 부디
자비로운 마음으로 행복하소서.

솔숲의 솔바람 소리
조용히 서 있는 새해 아침이다.

새해에는

밝아보는 신년 새해에는
바람에 걸리지 않는 바람처럼
모든 사람들의 사대육신과 의지가 자유자재하게 하소서

밝아오는 새해에는
항상 변함없이 그 자리에 서있는 태산처럼
몸과 말과 생각의 행行이 신중하게 하소서

밝아오는 새해에는
노란 국화꽃의 미소처럼
모든 사람들이 항상 웃을 수 있게 하소서

다가온 새해에는
수처작주隨處作主에서 모든 사람들이
입처개진立處皆眞의 삶으로 복과 지혜를 누리며 베풀게 하소서

신년새해에는
모든 사람들이 희망의 빛과 광명의 햇살이 항상 가득하시길
두 손 모아 발원發願합니다.

제3부 수행의 꽃

서성이는 가을

지금 내 앞에서
우물쭈물 머뭇거리며
서성거리는 그대를 봅니다

치열하던 여름 풀벌레 울음소리
흔적도 없이 사라진 솔숲에서
사각거리던 그대를 봅니다

방울벌레 숨소리 섬돌을 넘어서고
찬 이슬 영롱한 처마 밑에서
도란거리는 그대를 봅니다

푸른 산자락에 운무 만개하던 날
지나가는 한 줄기 소나기 맞으며
헐겁게 서성이던 그대를 봅니다

뻣뻣이 말라붙은 채
고추 대궁만 있는 맨땅 위에서

햇살을 흔들고 있던 무심한 그대를 봅니다

이제 소슬한 세상의 온갖 소리들 상풍商風*으로
모두 날려 보내고

그대는 하나의 풍경으로
너와 나의 창문을 두드립니다.

* 상풍: 가을에 부는 선선하고 서늘한 바람.

생일 축시 · 1

파릇파릇 새순이 움트는
이 아름다운 봄날
오늘은 당신 생일입니다.

그동안 참, 당신은 숱한 사람들을
만나고 또 만났지요.

때론 안타깝던 이웃들 속에서
그네들의 삶을 위로하며

때론 아름답던 이웃들 속에서
그들의 삶을 축복해주며

항상 욕망의 세계에서
그들의 고통과 즐거움을 함께 했었지요.

언제나 당신이 그러했듯이
앞으로도 지금처럼

허공마다 주렁주렁
매달린 삶들 위로 짙은 숨소리 들려와도

봄 하늘이 선물로 내민 따뜻한 햇살처럼
늘, 모든 사람들이 안온할 수 있는

세상사 진실들 하얀 무채색 사이에 숨어 있을지라도

사시사철 걸림 없는 허공처럼
늘, 모든 사람들이 평등할 수 있도록

오늘도 내일의 푸른 꿈을 향해
한 걸음 한 걸음
내딛는 당신의 생일을 축하합니다.

생일 축시 · 2

오늘은 당신의 생일입니다
아제아제 바라아제

싱그러운 초록의 계절은 아니지만
눈 시릴 정도의 푸른 바다를 닮아 가는
오늘은 당신의 생일입니다

늘 그 자리에서
세간의 무정 유정들을 위해
있음 그대로 힘껏 축원해 주시는
오늘은 당신의 생일입니다.

아제아제 바라아제
당신은 맑은 바람이 불어와
꽃잎이 피고 떨어지는 무소유의 도량입니다.

아제아제 바라아제
당신은 메마른 나뭇잎의 색깔이

오색으로 물들여지는 햇살 고운 마당입니다.

아제아제 바라아제

항상 처음의 마음으로
세간의 정을 서로 이웃하며 울타리가 되는
여기, 서 있는
당신 생일을 축복합니다.

아제아제 바라아제

세상을 향한 축원소리
형형색색 심성心性의 울림
"세상의 모든 이여!
부디부디 세간의 고통에서 벗어나게 하소서."

생일 축시 · 3

아제아제 바라아제!
오늘은 당신의 생일이십니다.

아제아제 바라아제!
사시사철 동서남북, 남녀노소, 빈부귀천을 가리지 않고 거친 비바람과 함박눈 쌓인 거리에서 묵묵히 우리 곁을 지켜 오신 당신! 오늘은 당신의 생일이십니다.

아제아제 바라아제!
언제나 환한 미소로, 평온한 숨결로 손짓하시며 다가오시는 당신! 진정 당신은 우리 모두의 칠각지七覺支*이십니다.

아제아제 바라아제!
당신은 지혜로 모든 법을 살펴서 선한 것은 골라내시고, 악한 것은 버리시고* 여러 가지 수행으로 올바른 道에 전력하여 항상 게으르지 않으시며,* 참된 법을 얻어서 기뻐하시고,* 그릇된 견해나 번뇌를 끊어버릴 때에 능히

참되고 거짓됨을 알아서 올바른 선근을 기르십니다.*

아제아제 바라아제!

당신은 바깥 경계에 집착하던 마음을 여읠 때 거짓되고 참되지 못한 것을 기억하는 마음을 버리시고*, 정에 들어서 번뇌 망상을 일으키지 않으시고* 佛道를 수행함에 있어서 바르게 생각하여 정定・혜慧가 고르시는* 분이십니다.

오늘도 당신에게선 솔 향처럼 향기로운 法香이 소리 없이 흐릅니다.

아제아제 바라아제 바라승 아제 모지 사바하.

* 칠각지:
택법각지(擇法覺支)
정진각지(精進覺支)
희각지(喜覺支)
제각지(除覺支)
사각지(捨覺支)
정각지(定覺支)
염각지(念覺支)

새로운 한 해를 시작하며

여명을 잉태한
또 다른 아침이 밝았다.

무성하던 숲의 나무들
연무에 휩싸이고

밖에서 찾지 말라
모든 것은 내 안에 있다.

이제 조금 씩 조금씩
육신의 치장을 벗어내니
광활한 본성本性 그대로의 우주다.

수행 이야기

시린 달빛이
시들은 풀잎을 애처로이 여겨
새하얀 백설을 선물했다는 것을 아시나요.

이슬 속을 흐르는
차가운 은하수는 태양의 미소로
바람의 애무로 만들어졌다는 전설을 아시나요.

우주 만물은
저마다의 속내를 깊이 감추고
연두 빛 파란 하늘을 연모하다
동장군이 되어버린 사연을 아시나요.

차디찬 동지섣달
은은한 달빛을 타고 악보의 눈으로 반짝이는
서릿발 같은 선정禪定의 열기들

너와 나, 우리 모두

이제
감추었던 마음의 안테나를 활짝 세워 보아요.

수행의 꽃

언제나 내 마음이

싱그러운 풀잎사이로 반짝이는
여름 햇살처럼 밝고 밝은 마음으로 남아있기를

언제나 내 마음이

시 · 공간을 초월한
파란 하늘을 닮아있기를

언제나 내 마음이

파란 하늘 지붕 위의
빨간 고추잠자리 무리들처럼 자유롭기를

언제나 내 마음이

산자락 비탈진 밭에서도 탐스럽게 익어가는

옥수수 향기처럼
세상만사 헤쳐 나갈 향기로운 원력의 바다이기를

언제나 내 마음이

꽃향기 머무는 시선마다
수행하는 묘한 음성이기를

언제나 내 마음이 지금처럼

아만 꺾은 마음 따라
연꽃 향기 가득하기를, 그리하여
뭇 중생들에게 유익함을 줄 수 있기를!

언제나 내 마음이
오늘처럼 항상 하기를 기도합니다.

소쩍새

만물도 잠든 삼경三更에
솥 적다
솥 적다
고요히 들려오는
소쩍새 울음소리

바람 한 점 없는 여름날
우거진 숲에서
낮에는
햇빛을 베게삼아
단잠을 청하더니

밤이면 밤마다
커다란 눈으로
세상만사
풍년을 노래하는
향기로운 칠월입니다.

시간의 선물

봄은 우리에게
오색찬란한 온갖 색을 빚어 보여주고

우리에게 여름은
천태만상의 초록바람을 담아서 들려준다.

가을은 우리에게
두두 물물의 황금빛
온갖 꽃향기를 바람에 실어 전해주고

우리에게 겨울은
엄동설한 화롯불에 익어가는
달콤한 오곡백과 맛을 담아준다.

자연은 오늘도 어김없이 순환하며
봄, 여름, 가을, 겨울을
우주법계의 광활한 자루에 담고 담아
오늘 우리에게 소중한 생명의 시간을 선물한다.

쑥부쟁이 꽃

파란 하늘에 거대한 용트림
돌고 돌아

까만 눈 빙그르르 굴려
세상을 응시하는

나는 그저 흔하디흔한
쑥부쟁이 꽃

붉은 빛 깃털로 뜨거운 여름날을 감사하며
사랑할 줄 아는

나는 세상에서 가장 귀한
꽃, 자연입니다.

아가위나무*

인적 끊어진 고요한 산사에
소복소복 하얀 눈 내리면

순식간에 온 세상은 하얀 은백색으로 채색되고

눈 쌓인 나무 위 총총거리며
즐거워하는 산 까치들

사
이
로

너는 탐스럽게 고고한 붉은 자태로
한 폭의 설경이 된다.

* 아가위나무: 산사山査나무라고도 함. 장미과의 작은 낙엽 활엽 교목으로, 골짜기·촌락 부근에 자생하는데, 초여름에 흰 꽃이 피고 가을에 붉은 열매가 익으며, 식용으로 쓰임.

여름날

그대는 바람 따라 이리저리
흔들리며 몸부림치는 작은 실버들입니다.

우리는 산기슭 초록 수풀사이에 머무는
향기로운 솔바람 소리입니다.

그대는 모두가 잠든 사이에
은하수 밤하늘에 총총히 빛나는 별빛달빛입니다.

그대여, 우리 모두는 향기로운 신록이 꽃피고
달콤한 오곡백과가 익어가는 아름다운 여름날입니다.

유월의 향기

초록이 싱그러운 날에
푸른 바람은, 슬그머니 옷섶 풀어 보이며 지난 일을 노래합니다.

"어린뿌리 사이로 부딪치는 발아發芽의 흔적들 그건, 격정의 몸부림으로 인내한 눈부신 내안內岸입니다."

"허리를 휘감고 기상하던 하얀 운무 구름의 손짓으로 바람의 눈빛을 볼 수 있는 건, 우리의 청복淸福입니다."

지금은, 유혈이 낭자한 노을 숲에
달콤한 산포도가 익어가는 유월입니다.

여름 추억

여름 그늘이 우거지는 날이면
나는 흔연欣然한 그대를 봅니다.

백일홍 꽃그늘이 무성한 날
연분홍 속살 드러내어 청춘을 예찬하며
낭소朗笑하던 그대

여름 태양이 이글거리던 날
땀으로 온몸을 적시며 삶을 이겨내던
덩굴손처럼 가냘프던 그대

집채만한 파도와 세찬 풍랑風浪 일어도
유유히 그을린 구릿빛 얼굴로
삶을 건져 올리던 그대

저녁노을이 지는 갯바위에서
잔잔한 먼 수평선 바라보며
몰록 명상에 잠기던 그대

마음에 생긴 가시들은
마음의 앙금 끊으면 사라진다며
하심下心을 일러주던 그대

굽이굽이 생로병사 인생의 고갯길
일순간一瞬間 홀로
니르바나 연꽃 향기 그윽한 길로 가시다*.

이제, 다시 내 곁에 신록으로 다가와 서성이는
무지개 꽃그늘이 아름다운
흔연한 그대를 봅니다.

* 가시다: 남해지방의 토속방언으로, 손님을 배웅할 때 "가시다."라는 인사말이다. 즉 "안녕히 가십시오."할 때 쓰는 말로써 '잘 가십시오.' 라는 의미이다. 지금도 남해지역에 가면 쉽게 들을 수 있는 친근한 말이다.

연등부처님

얼음 뚫고 살며시
반짝이는 황금빛 얼굴

우리 님

참을 수 없는 마음에
꽃을 먼저 틔우고

지상의 흰 전단향 불살라
보리심의 구슬로 번뇌 흐림 맑힌다.

큰 연꽃 약으로
혹한에 얼었던 번뇌의 산
깨뜨리려고 출세出世하신

福과 지혜를 고루 가져와주는
어여쁜 우리 님

다함없는 생명의 싹을 틔우기 위해
오늘 우린, 세상에서 가장 아름다운 대화로
지혜의 등불을 켠다.

연꽃 추억

따뜻한 햇살 쬐이며
빨래줄 지렛대에 앉아 졸고 있는 아기 산까치들

살포시 든 단잠 신났다.

물오른 흙 밟으며
상수리나무 하늘 위로 날아가는
색색들의 연들

즐거운 연놀이 신났다.

다들 신났다.
새들도
개구쟁이 아이들도

시간은 또 이렇게
연꽃 추억 하나
만들며 길을 재촉한다.

애상

매서운 한파 몰아치면

숲길 사이로 은은히 묻어나던 솔향松香

홀벗은 나무그늘 텅 빈 숲길 걷노라면

가만가만 피어나는 아득한 그리움 있다.

유월이 오면

어느 사이에
노랗게 보리가 익어가고
달콤한 찔레꽃 향기 그윽한 유월입니다.

우주만물이 푸름으로 옷을 갈아입고
순간순간 푸른 속살 드러내
자연과 자연이 그대로하나 되는 계절 유월입니다.

눈처럼 하얀 샤스타데이지
온몸을 벌 · 나비 · 바람에게 맡겨 놓은 채
하늘바라기를 하고 있는 유월입니다.

녹음이 싱그러운 푸르른 유월에
“번뇌에 머물지도 말고 번뇌에서 떠나지도 말아요.”
뭇 생명들의 치열한 합창들

신록이 가득한 그리움의 뜨락에서
차안에서 피안으로 노니는 찬란한 당신을 봅니다.

* 샤스타데이지: 쌍떡잎식물 초롱꽃목 국화과의 여러해살이풀, 여름구절초라고 불리는 꽃으로 흰색깔이다. 보통5~6월에 피는 꽃이다.

인생

허허로운 들판에
어제를 닮은 오늘이 있다.

만물이 소생하는 봄날은
겨울을 담은 연두빛 향가鄕歌

동네 어귀마다 보드라운 속살
살포시 내밀던 연분홍 얼굴들

푸른 신록이 싱그러운 여름날은
봄을 담은 왕성한 찬가讚歌

산속 능성이마다 압도하던 근육
연신 보여주던 초록빛 나무군락들

우주만물이 황금빛 오색으로 눈부신 가을날은
여름을 담은 풍족한 축제祝祭의 장

긴 해수를 넘나들던 굵은 이랑
해풍海風따라
움직이던 해조음海潮音들

온 세상이 은색 빛으로 영롱한 겨울날은
가을을 담은 적멸寂滅의 곳간

이제, 고요한 물마루 정원에서
무상의 자취를 노래하는
오늘을 담을 찬란한 내일을 본다.

임진년 한 해를 보내며

임진년 한 해를 보내며
돌아보니 우리의 삶은
제행무상 · 제법무아 · 일체개고로 점철된 일부에 지나지 않았다.

일 년 삼백육십오일
차고 넘치던 희 · 노 · 애 · 락의 사연들을 뒤로 한 채
마지막 산모퉁이 하나를 지나고 있다.
제행무상 · 제법무아 일체개고다.

우리는 늘 바쁘다는 핑계로 뒤 한번 돌아보지 못하고
시간의 포로 속에 갇혀 치달리고 있다.
제행무상 · 제법무아 일체개고다.

언제나 검푸른 눈으로
늘 인자하게 세간 살피며 하시던 말씀
'나는 그대들을 경만하게 생각하지 않나니 그대들은 모두 다 성불하리라.'

제행무상 · 제법무아 일체개고다.

억만 겁 오랜 세월 불가사의 얻게 하기 위하여
항상 이 법 듣게 하고 열어 보여 가르치며
구름에 걸리지 않는 바람처럼
제행무상 · 제법무아 일체개고다.

송년의 마지막 달이다.
자작자작 소리를 내는 무상한 나무 위로 몸을 내린 하늘이
윙윙대는 매서운 바람의 한기寒氣를 온 몸으로 휘감은 창공을 들쳐 업은
제행무상 · 제법무아 일체개고다.

임진년, 이제 모든 중생들이 부처님의 법력으로
연꽃 향 가득한 바다
그 곳에서 노닐게 하여 지이다.

일몰

허공을 가르는
나지막한 바람꽃 소리에

나무들이
온 몸의 한기를 낙엽이불로 감싸 덮는 시간

파란 바람이 볏짚 헝클어진 들판에서
발뒤꿈치를 살짝 들고 노래를 하고

겨울의 틈새에 낀 민낯 초승달이
삭은 나뭇가지에 매달려 있을 때

저만치 붉은 노을이
일상의 무대 위에서
허허로운 겨울을 본다.

제4부 티끌 천지

인도 순례

낯선 땅 인도
가는 곳곳 마다
맨발의 아이들 해맑은 얼굴로
1 달라
1 달라
1 달라
흥겹게 외치는 노랫소리

흙발의 여인들
자신의 체구만큼이나 작은 아기를 안은 채
누더기 히잡 휘날리며
원 달라
원 달라
원 달라…
절규하는 기포起泡소리 허공을 맴돌고

첩첩 人海의 땅
바라나시 갠지스 강 가는 길목에서

커다란 두 눈 두리번거리며
음매
음매
음매…
하얀 소, 슬픔 젖은 목소리로 세상을 바라본다.

一心

언제나 그대에게, 나는

항상 오롯이 서있는 태산이고 싶어요.

언제나 그대에게, 나는

눈 내린 후 파랗게 드러난 파란 하늘이고 싶어요.

언제나 그대에게, 나는

여름날의 뇌전雷電에도

꿋꿋한 대록大麓*의 자태처럼 여여如如하고 싶어요.

* 대록: 큰 산림

자연 속으로

자연의 생기가 초록 절정을 이루는 이 계절에 그 옛날 좋았던 순간을 지금 만나러 간다오.

바람이 갈 길 몰라 이리저리 엉켜 있는 설악산 잊지 않고 찾아왔다 성성한 몸짓으로 바스락거리고 순간 너는 나무키만 한 그림자를 길게 드리운 발자국은 또 다른 흔적을 남기면 그 뒤를 느릿느릿 따라가는 저녁노을이 다 연두 빛 시간 고요한 자연인으로 여름 숲에 기대본다

오늘 난, 또 이렇게 이 몸에 감추어진 보석 하나 찾아보려고 구름이 인도하고 바람이 이끄는 대로 또 다른 길에 와 있다오.

지금 이 순간

무심한 달빛아래
아직도 갈 길 몰라
기웃기웃 서성이는 그대여!

보라 지금 이 순간을

뜨거운 여름 꽃이
서늘한 창문 밖
젖은 이슬로 와 있음을

화려한 몸짓으로
뭇 행인의 가슴을 핑크빛으로 물들이던
진분홍빛 향취들도

이제, 자취조차 없는 낯선 가을이다.

참나리 꽃

간밤에 내린 여름 소낙비
뒤 끝에 드디어
마주한 환한 너의 미소

지나가는 바람 수줍은 듯
살짝 고개 숙인 당신은

노란빛이 감도는 붉은 색에
검은빛이 도는 자주색 점들의
화피조각* 으로 말려있는
고운 민낯의 소유자

그 자태는
흡사 구름에서 벗어난 보름달처럼
밝고 아리땁다.

* 화피조각: 꽃 덮개

철쭉 꽃

푸른 솔 하얀 바위 틈 사이
활짝 핀 철쭉꽃들
참 잘도 피었다.

칡 나무 넝쿨이 무성한 오지에서
뭉게구름 친구삼아
참 곱게도 피었구려.

방사된 사랑의 불씨
푸른 계곡물 소리 마음에 담아
굴곡의 삶 빠져나온 당신

맑은 두 눈으로
멀리 하늘을 바라보니
흰 구름 하늘가에 걸려있는

푸른 산과
고요한 안개 춤추는

이 아름다운 곳에서

이제는
부디
부디 행복하소서.

첫서리

살포시
간밤에 몰래 다녀간 하얀 손님

가을걷이 끝난 텅빈 들판
헐벗은 나무

담장 옆 지붕 위에
주렁주렁 매달려 누워있는
늙은 주홍빛 호박덩굴

이슬이 잠든
논두렁 밭두렁 작은 사이길

차가운 몸짓 파란 속살을 가진
파도가 잠든 바닷가 작은 둑길에

살포시 내려앉은 그대는

범천의 영롱한 눈망울을 닮은
하얀 서리꽃

오늘 그 흔적
지상에 가득하다.

청춘

세간의 정을 서로 이웃하며

관심 한 잎 안부 한 잎

사랑 한 잎 그리움 한 잎으로

반질반질 빛나는 청춘을 본다.

칠월연가

그대여 가만히 눈감아 보아요.

간밤에 별들이 내려와
밤새 이슬을 뿌리며 창문을 닦던 모습
보이지 않은가요.

그대여 가만히 귀 기울여 보아요.

보드라운 연잎에
하나둘씩 쏟아져 나오는
온갖 바람소리 들리지 않은가요.

그대여 무성한 숲이 우거진
이 아름다운 칠월에

켜켜이 쌓아온
차갑고 뜨거운
숱한 사연일랑 이젠 잊어요.

탱자꽃

햇살에 투명한
맑은 눈망울 하나

아침 이슬이
이보다 더 고울까요.

가시 돋친 말 대신
부드러운 말 한 자락이 인생의 순리라고

몸소 일러주고
홀연히 가신님의 유언처럼

흑백黑白이 공존하는 세상
둥글둥글
즐겁고 즐거워라.

티끌천지

겨우내 긴 가뭄에
잔뜩 움츠리고 고단했넌 얼굴들

뉘 알까, 돌아보면
우리네 삶은

끝도 없는 티끌 속에서 잠시
하얀 꽃물결로 물들이다

뉘 알까, 아득한 수맥 찾아
끝없이 헤매던 바람이란 걸

포근한 낙엽이불
하늘위로
순간, 밝은 태양 눈부시다.

한 해를 보내며

가득하던 들판은
텅 비움으로 또다시 채워지고

임이시여, 이제
우리는 어느 덧 찬 이슬 내리는
엄동설한의 계절 한 해의 끝자락에 서 있습니다.

오감을 휘감던 세상 만사
온갖 모습의 유혹들

임이시여, 이제
우리는 어느 덧 하얀 눈 내리는
겨울 풍경으로 자리하고 있습니다.

햇빛 잡아끌어
퇴색된 항아리처럼

임이시여, 이제

시간의 날개 속에 숨어있는
황금빛 찬란한 그대와 나의 자화상*을 봅니다.

* 자화상: 佛性에 비유한 표현이다.

한 해를 작별하며

유유한 그늘에
살포시 내려온 이름표들을 봅니다.

일 년 삼백 육십오일
이렇게 또 한 해가 지납니다.

그동안 치열했던
긴장과 부드러운 체온을 남겨 두고서

순백으로 가득한
은빛 세상을 이제 작별합니다.

항아리

하늘에선 구름이 노를 젓고
땅에선 초목들이 무지개빛깔 하품을
수없이 하고, 또 해도

어제도 오늘도
쉬이 채워지지 않는 나의 항아리

천둥번개 세월, 시간을
담으면 채울 수 있으려나

나유타 항하사 억만 겁이
지난다면 채울 수 있으려나

긴 장대마다 주렁주렁
걸린 생각들 사이로

하얀 강기슭 맴돌다 나온 청량한 바람
일순간, 눈앞에서 자리를 튼다.

환희의 날

인동忍冬을 견디어 온
올곧은 나무들
얼굴마다 환한 미소번지고

봄빛은
겨울을 넘나드는 실바람으로
고운 삼월을 꽃 피운다.

해年의 갈림길에서

이제 조금만 손을 뻗어 닿을 곳에
서 있는 또 다른 살결에
차가운 눈을 촉촉이 배어 안고 선
하얀 꿈 가득한 너를 본다.

노을 진 하얀 숲에 어둠이 내리고
하늘에 노란별 숲 가득 띄우며
또 다른 한해의 시작 새로운 꿈이
배어있는 너를 본다.

바람 따라 밀려오는
연꽃 향처럼 은은한 솔 향이여
그건 바로, 자유자재한 염화의 화순함이다.

행行

오랫동안 손안에 움켜진
묵혀온 습習

희미한 웃음은
구멍 뚫린 기억의 조각들

흰 속살 드러내며
파르르 흔들리는 겨울나무 같다.

허수아비

햇살에 반짝거리던 오색단풍잎들이
바람 따라 하늘거리며
저 멀리 가을빛으로 사라진

인적 끊어진 허허로운 벌판
퇴색된 밀짚모자에
두 팔 벌린 허수아비만 덩그렇게 서 있다.

화두참구

참과 거짓에 갇혀있다는 것을
표현한들 무슨 소용 있을까?
무의미한 논쟁은
돌고 도는 수레바퀴를 벗어나지 못할 뿐

잠에서 깨어나기는
평범한 범인凡人으로선 어려우니
막막한 이 마음
꺼지지 않는 촛불로써 밝힐 수밖에.

화두

해수면으로
올라오는 물고기
하늘과 바다를 따로 알지 못하니
물고기는 없고 오름만 있구나.

| 작품해설 |

도업道業, 직립을 보다

- 도업 시집 『습』을 읽고

신광철 | 시인

| 작품해설 |

도업道業, 직립을 보다

- 도업 시집 『습』을 읽고

신광철 | 시인

도업스님은 그리움으로 인간을 순화純化한다

흐르는 물에 사는 물고기는 자면서도 꼬리를 흔들어야 한다. 떠내려가지 않기 위해서다. 세월에 떠내려가지 말아야 한다. 산에 걸려 넘어진 사람은 없고, 돌에 걸려 넘어진 사람은 있다. 자유가 그리워 떠난 길에서 자유에 지쳐 쓰러져 본 사람은 안다. 깨달음을 위해 떠난 길에서 깨달음에 눌려 허우적거려 본 사람은 안다. 인생은 끝끝내 미로였다.

스님의 이름은 도업이다. 도업道業은 '도道' 라는 글자에는 머리 수首와 책받침 변(辶) 은 먼 길을 천천히 간다는 의미가 들어 있는 글자다. 책받침 변(辶) 은 원래 '착捉' 에서 온 글자다. '착' 이란 뜻이 '쉬엄 쉬엄 갈 착' (辵)이다. 그리고 머리 수首에는 사람의 두뇌, 즉 머리라는 의미가 있고, 처음으로 시작한다는 시초始初라는 뜻이 있다. 그리고 앞, 먼저라는 의미도 있다.

다시 설명하면 도에는 앞서가는 사람이라는 의미가 들어있다. 천천히 생각하면서 걸어가는 것이 도다. 도는 사유다. 도는 깨달음이다.

시인의 법명인 '도업道業' 은 도道를 업業으로 삼은 사람이다. 직업으로 삼아도 어려운 난제를 인생의 화두로 삼은 것이 도업이다. 업業은 직업보다 깊고 아득한 단어다. 전생에서 현생, 현생에서 다시 환생으로 이어지는 길고 긴 역마의 생업이다. 승가에 들어와 법명으로 받은 것이 도업이다.

업業은 몸의 업인 신업身業, 입의 업인 구업口業, 생각의 업인 의업意業으로 삼업三業이 있다. 모든 업에는 의도가 있다. 상업의 목적하는 바는 방향이다. 도업스님의 방향은 불가에 입문하면서 정해져 있다. 도가 업이다. 생각에서부터 말하고, 행동하는 것이 모두 도道로 귀결된다. 종착점은 불각佛覺일 것이다. 불의 목표는 언제나 깨달음이다. 도를 얻는다고도 한다. 결국 도업은 득도다.

먼저 시를 한 편 감상해보자. 큰 흐름으로 행간을 살

펴본다. 시의 제목은 「봄날」이다. 생명의 의미를 '시간에 잉태된 그리움' 이라고 말하고 있다. 생명에 대한 정의에서 문학이 살짝 보일 듯하다가 멈추었는데 시간에 대한 정의에는 문학적인 냄새가 난다. 〈시간은 아우성치는 바람으로/향기로운 걸음을 잰다〉고 시인은 말한다. 문장에서 반짝하고 빛이 난다. 시간이 애기로운 걸음을 잰다는 표현에서 아하, 절창이로구나 무릎을 친다.

시의 귀결은 네 번째 단원에 있다. 〈지속되는 건/순환하는 무상〉이라고 결론짓고 있다. 마지막 연은 도업스님 자신의 상황을 적고 있는 듯하다. 전문을 감상해보자.

> 생명은 만상萬象의 시간 속에
> 잉태되어 있는 한 줄기 그리움 같다.
>
> 시간은 아우성치는 바람으로
> 향기로운 걸음을 잰다.
>
> 지나버린 시간 속에 박혀서
> 몸부림치는 건
> 온전히 추억의 그림자일 뿐
>
> 오늘도 지속되는 건
> 순환하는 무상일 뿐이다.
>
> 지금 이 순간, 나는

거미줄에 매달려 있는
아슬아슬한 또 하나의 봄날을 본다.

-「봄날」 전문

「봄날」은 왔다. 그리고 다시 봄날이다. 자연은 반복하는 재미 하나로 세상을 이끌어가고 있다. 아침이 어둠을 건너서 오고, 봄이 겨울을 건너서 온다. 모든 아침은 어둠을 건너왔다. 모든 봄은 동토를 건너왔다. 고난 건너편에 우리가 원하는 바람이 있다. 꽃이 피려면 한 계절 필요하지만 사계절이 필요한 것과 닮았다. 자연은 닮고 반복한다. 쉬운 것이 닮은 것이고, 쉬운 것이 반복하는 일이다. 그러나 알게 된다. 닮는 일이 어렵고, 반복하는 것이 힘든 것임을. 결국 지상에 있는 모든 현상은 쉽고 어렵다. 말장난이 아니라 정말로 어렵고 쉽다.

산 자는 산 것으로 앓는다. 산 자는 산 것으로 아프다. 마지막 연에서 도업스님은 자신의 상황을 적었다. 〈지금 이 순간, 나는/거미줄에 매달려 있는/아슬아슬한 또 하나의 봄날을 본다.〉 도업스님은 왜 생명은 그리움이라고 했을까. 분명 이렇게 적었다. 〈생명은 만상萬象의 시간 속에/잉태되어 있는 한줄기 그리움 같다.〉는 문장에서 말하고 싶은 핵심 내용만 적으면 〈생명은 그리움〉이다. 조금 설명하면 〈만상萬象의 시간 속에/잉태되어 있는 한줄기 그리움〉이고 조금 더 마음상태까지 집어넣으면 〈생명은 만상萬象의 시간 속에/잉태되어 있는 한줄기 그리움 같다〉가 된다. 단언하지 않고 가정하고 있다. '그리움' 이 아니라 '그리움 같다' 다.

도업스님은 경남 사천 출생이다. 1999년 운문사 강원을 졸업했다. 중앙승가대를 졸업하고 동국대학원에서 철학박사 학위를 받았다. 현재는 서울 백우선원에 주석하고 있고, 동국대에서 강의를 하고 있다. 학승이다. 문학과의 인연은 2000년 『불교문예』에 시로 신인상을 수상하면서 등단했다. 문학승이기도 하다.

지상에 피는 꽃은 하늘에서 떨어진 별이 땅을 뚫고 새싹으로 올라와 꽃으로 피고, 지상의 꽃들이 지면 하늘의 별로 피어나는 것이라고 우기고 싶은 날이 있다. 그래서 지상의 꽃들은 하늘을 올려보고 피고, 천상의 별들은 지상이 그리워 내려다보고 있다고 다시 한 번 우기고 싶을 때가 있다. 도업스님도 그런 그리움이 생명에게도 그대로 있다고 표현하고 싶은 것일까. 생명의 그리움은 인간의 그리움이다. 과학자는 생명의 그리움을 본능이라고 한다. 철학자는 생명의 그리움을 욕망이라고 한다. 도업스님은 생명의 그리움을 '시간의 그리움' 이라고 한다. 누가 아름다운 생각을 하고 있을까. 본질보다 아름다운 것이 낭만이라고 소리쳐본다. 도업스님은 본능보다, 욕망보다 아름다운 것이 시간의 그리움이라고 한다. 도업스님은 본능보다, 욕망보다 빛나는 것이 그리움이라고 한다. 그리움은 소리 없이 흐른다. 그리운 것들은 소리 없이 흘러 꽃으로 피고, 별로 뜬다. 나무가 소리 없이 물을 길어 올려 잎을 틔우고, 가지를 기르고, 성장하듯 봄날에 사람의 그리움은 사람에게도 흐른다. 과학자의 시각으로 보넌 꽃은 생식기에 불과하다. 생식기를 세상에나 보라고 드러내놓는 자연은 인간에게만 파격이다. 결국 사람은 결국 견디지 못하고 발가벗은 욕망의 절정인 꽃을 보러 나온다. 봄은 그렇게 도발적이고 파격적이다. 도업스님은 한 발 물러서서 지긋한 마음으로 생명은 시간의 그리움이라면서 인간을 순화純化한다.

간밤에 여름바람이 왁자지껄해 노숙을 했다

도업스님은 첫 시집 『하심下心』을 냈다. '하심下心'의 내용이다.

촛불처럼 울렁거린 마음을 남몰래 감추고/발바닥에서 싹이 트도록/그렇게 종일토록 당신을 기다렸습니다.//먼 훗날/긴 기다림은 기웃거리는 바람 · 햇빛을 벗

삼아/어느새 수천 개의 꽃씨가 되어/당신과 나의 뜰을 발그레 발그레/물들이겠지요.

첫 시집 『하심』에서는 기다림이 중심을 이루고 있다. 이번 시집 『습』의 '봄날'이란 시에서는 그리움이 중심이다. 기다림에서 그리움으로의 전환이다. 기다림은 도착하기 전의 마음 상태이고, 그리움은 함께 하지 못하는 아쉬움의 마음 상태다. 이번 시집 제목은 '습'이다. 습의 뜻은 많다. 첫째 죽은 자에게 치루는 마지막 의식으로서 '습襲'이 있다. 떠나는 자를 씻기고 옷을 갈아입히는 것이 습이다. 둘째는 과거로부터 익은 반복으로의 '습習'이 있다. 셋째는 새가 날개짓을 하며 나는 연습을 하는 것이 습이고, 공부하고 익히는 것이 습이고, 끝없이 반복해서 행하는 것이 습이다. 그리고 넷째는 습지라고 할 때의 습이다. 물기가 있어 촉촉한 것을 습이라고 한다. 습하다고 한다.

도착한 원고에는 시집 제목이 '습'이라고만 적혀 있다. 굳이 정확한 뜻을 확인하지 않았다. 시집에 편편이 적힌 시어와 문장을 만나다 보면 확인될 것이라 생각했다. 오해 없이 정확하게 파악하면 좋고, 오해가 있어도 좋다. 시가 가진 중의重意라는 방패라는 믿는 구석이 있어서다. 정확하지 않아야 시가 산다고 하는 중의다. 한 단어나 문장이 가진 모호함이 상상력을 부추긴다는 의미에서 중의重義와 다의多義는 용서된다. 물론 개연성의 토대 위에서 가능한 세계다.

흐르는 물에 사는 물고기는 자면서도 꼬리를 흔들어야 한다. 떠내려가지 않기 위해서. 세월에 떠내려가지 말자고 하면서 세월에 떠내려가고 있는 자신을 만난다. 이미 나이가 앞길을 절벽처럼 막아선다. 갈 길은 먼데. 그래서 그리움이 뭉게뭉게 피어올랐는지도 모른다.

도업 스님은 스님이다. 인간은 인간이듯 스님은 스님이다. 도업道業이란 법명이 강하다. 道를 業으로 삼았다는 선언처럼 들린다. 도업스님을 만난 지는 오래되었다. 불교문인협회에서였다. 불교문예신인상을 수상할 즈음부터라고 할 수 있다. 신인상을 타기 전부터 시업을 이루고자 불교문입협회에 입문할 때부터 안면이 있었다. 20년이 넘었다. 오래 되었지만 대화 한 번 제대로 나눈 적이 없다. 단체는 늘 수상쩍고, 인간은 늘 어설프다. 스님은 또 한 번 조심스럽다. 승속의 경계에는 늘 안개가 자욱하다. 봄날의 북한강보다 더 짙은 안개가 낀 경계다. 그래서 결국은 오래 되었지만 모르는 사이 같다. 그럼에도 나는 보았다.

도업스님의 첫인상은 직립이었다. 곧게 선 나무를 닮았다는 생각을 했다. 첫째 외모에서 직립을 봤다. 둘째 마음에도 직립을 들여놨음을 봤다. 마지막 세 번째로 '습' 으로서의 직립을 봤다. 익은 열매로 다시 '습' 에 들었음을 봤다.

첫째 외모에서 본 직립은 곧은 나무였다. 인간의 직립은 위대하지만 가만 살펴보면 어설프다. 먼저 직립을 지탱하게 하는 척추의 구조가 타원형이다. 그것도 강가의 돌멩이를 차곡차곡 쌓아 올린 모습으로 위험하다. 직립된 상태가 곧 무너질 것 같아 불안하다. 하지만 도업스님의 직립은 대나무의 곧은 성품처럼 곧아 보였다. 웃음도 긴 대나무 끝에 핀 하늘처럼 맑았다. 묘한 웃음이었다. 활짝 웃는 것이 아니라 웃다가 멈추는 듯한 느낌을 받았다. 다 웃지 못한 그리움 같았다. 기다림의 끝에 핀 그리움 같았다. 그래서 그리움이었나, 문뜩 하늘을 보았다.

싱그러운 초록 계절은 아니지만
눈 시릴 정도의 푸른 바다를 닮은
하늘이 있어 좋습니다.

그 푸른 바다
무정 유정들이 참 많이도 살고 있어
늘 그들이 고맙습니다.

냉기 어린 삼라만상

따뜻한 햇살로 품어주는
태양이 있어 좋습니다.

오색찬란한 색색 빛깔들로
세상사 구석구석 모든 이들의 방석 되도록
알려주는 하얀 무상無常이 있어
참으로 행복한 겨울입니다.

-「겨울 생각」 전문

제목이 「겨울 생각」이다. 〈좋습니다 / 고맙습니다 / 좋습니다 / 행복한 겨울입니다〉로 진행되는 맑은 시다. 코끝에 반짝거리는 겨울 햇볕처럼 반갑다. 볼 둘레에 번지는 웃음처럼 좋다. 이마에 출렁거리는 나이도 행복하게 느껴지는 겨울풍경이다. 좋다, 고맙다, 좋다, 그래서 행복한 겨울이다. '무상이 있어 참으로 행복' 하다고 하는 시어의 깊이에 풍덩 빠진다. 무상無常이란 단어의 무게가 묵직한데 가벼워져서는 빛난다. '하얀 무상' 이기 때문이다. 따뜻하고 밝게 빛난다. 일상이 고스란히 행복해지는 '겨울 생각' 이다.

도업스님은 〈무정 유정들이 참 많이도 살고 있어/늘 그들이 고맙습니다〉라고 한다. 또한 〈오색찬란한 색색 빛깔들로/세상사 구석구석 모든 이들의 방석 되도록/알려주는 하얀 무상無常〉이라고 한다. 하얀 무상에 대한 설명이 없지만 무정과 유정이 도업스님에게로 가서는 생명성을 가지고 독립한다.

둘째 마음에 들인 직립을 봤다. 무엇보다 도업이라는 법명이 강하게 다가온다. 도업道業, 깨달음을 업으로 받아들이겠다는 결연한 법명에서 날 선 기개가 느껴진다. 공부하는 학승으로서, 문학을 하는 문학승으로서의 도업스님. 어느 하나 가볍지 않지만 '도업道業' 이 더 결연하다. '여름바람이 왁자지껄해 밤새 노숙을 했다' 는 「산울림」이라는 시를 만나 보자.

간밤에 여름바람이
왁자지껄해
밤새 나도 노숙을 했다.

아침에 일어나 바깥계곡을 둘러보니
시끄러움은 자취도 없고
은백색 운무만이 흘러가고

하얀 운무 쌓인
천 길 낭떠러지 절벽 사이 사이마다
흙, 비구름, 태양, 바람 기둥 삼아

딱따구리는 딱 딱 딱 딱
휘파람새는 짹 짹 짹 짹
개똥지빠귀의 구슬픈 울음소리

산야에서 머물 곳을 찾는
너를 본다.

-「산울림」 전문

산울림. 산울림은 산이 울리는 현상이다. 또 하나는 우리가 흔히 아는 메아리다. 소리를 지르면 울려 퍼져 가던 소리가 산에 부딪혀 되울려 오는 소리가 산울림이다. 산이 울리는 소리를 듣고 싶다. 산이 울리는 소리는 어떤 소리일까. 산이 떤다면 어떤 느낌일까.

사랑을 노래하던 낭소朗笑한 그대를 봅니다

도업스님은 〈간밤에 여름바람이 왁자지껄해/밤새 나도/노숙을 했다〉고 한다. 〈아침에 일어나 바깥계곡을 둘러보니/시끄러움은 자취도 없고/은백색 운무만이 흘러가고〉 노숙을 하게 만든 여름바람은 흔적이 없다. 그래도 도업스님은 〈하얀 운무 쌓인/천 길 낭떠러지 절벽 사이 사이마다/흙, 비구름, 태양, 바람 기둥 삼아〉서 의지한다. 무상과 유상의 것들인 흙, 비구름, 태양, 바람을 '기둥을 삼아' 세상에 자리하고 있다. 시에서의 주어는 '여름바람' 이었지만 정작 주어는 '산울림' 이라는 생각을 하게 된다. 제목이기도 하고 정황상 산울림이겠구나 한다. 착각일 수 있겠지만 결국은 산울림을 이야기한 것이구나 한다.

산이 전율하며 떠는 산울림이든 소리쳐 돌아오는 반향의 메아리든 존재의 울림을 본다. 모든 유상의 것들과 무상의 것들이 〈산야에서 머물 곳을 찾는/너를 본다〉는 마지막 연에서 정착민을 만난다. 존재의 안정을 희구하는 마음의 정착민을 본다. 그것은 어쩌면 해탈이고 깨달음일 수도 있다. 그것이 바로 도업스님의 목표일 수 있음을 본다.

마지막 세 번째로 '습' 으로서의 직립을 봤다. 익은 열매로 다시 '습' 에 들었음을 봤다. 여기서의 '습習' 은 학습學習할 때의 습이다. 배우고 익히는 것을 습이라고 한다. 또한 습관習慣할 때의 습이다. 익혀서 반복되는 것으로서의 습이다. 정착민으로서 습習에 달해서 일관一貫을 가지게 되는 경지를 말한다. 현실이든 목표든 습으로서의 달관을 바라는 행자로서의 습을 본다. 「가끔은」이라는 시의 앞부분이다.

오늘처럼
여름그늘이 우거지는 날이면
나는 흔연欣然한 그대를 봅니다.

오늘처럼
백일홍 꽃그늘이 무성한 날이면

나는 연분홍 속살 드러내며 사랑을 노래하던
낭소朗笑한 그대를 봅니다.

흔연欣然은 기쁘거나 반가워 기분이 좋은 상태다. 낭소朗笑는 쾌활하고 밝은 웃음이다. 여기서 핵심은 '그대를 본다'는 것에 있다. 그리고 도업스님에게서 시의 상황이 현재다. '오늘처럼'에서 알 수 있다. 살아온 인생으로서 깨달음의 절정인 시간이 오늘이고, 남은 인생의 첫날이 오늘이다. 비장하지만 평화로운 오늘이라는 양날을 가진 현장에서 그대를 본다. '그대'라는 존재는 도업스님만이 안다. 깨달음일 수도 있고, 연민의 대상일 수도 있고, 그리움의 대상일 수도 있다. 아니면 도달하지 못할 막막함일 수도 있다.

도업스님의 오늘은 그리 밝지는 않다 아니면 어두운 것들에 대한 연민일 수도 있겠지만 정황을 보면 알 수 있다. 〈여름그늘이 우거지는 날이면〉 그대를 보고, 〈백일홍 꽃그늘이 무성한 날이면〉 그대를 본다.

오랫동안 손 안에 움켜쥔
묵혀온 습習

희미한 웃음은
구멍 뚫린 기억의 조각들

흰 속살 드러내며

파르르 흔들리는 겨울나무 같다.

「행行」이라는 시다. 시집 제목의 '습' 인데 습에 대한 내용이 있어 올렸다. 습에 대한 도업스님의 마음의 결이 느껴진다. 〈희미한 웃음은/구멍 뚫린 기억의 조각들//흰 속살 드러내며/파르르 흔들리는 겨울나무 같다〉 '희미한 웃음, 구멍 뚫린 기억, 파르르 흔들리는 겨울나무' 모두 평화롭지 못하다. 평화를 구하는 것이 아니라 결연히 절벽에 서는 모습을 본다. 겨울나무로써 겨울 한복판에 서는 모습이다. 도를 이루기 위해 현재를 담금질하는 모습이 느껴진다. 직립이 살짝 흔들린다. 그렇지만 도업道業이란 법명이 강하다. 도道를 업業으로 삼은 자의 현 상황일 수 있다. 고난 앞에서 스님은 다시 스님이다.

다시 일어서는 직립에 무게를 둔 「화두話頭」라는 시를 보자. 화두話頭는 원래 '이야기의 말 머리' 라는 의미다. 참선하는 자에게 도를 깨치게 하려고 내는 문제다. 근본 진리를 얻기 위한 수행 방법의 하나다. 일반적으로는 이야기가 시작되는 처음 주제나 화제가 되는 유명한 이야기를 가리킨다. 도업스님의 화두다. 시로 표현한 화두를 보자.

해수면으로
올라오는 물고기
하늘과 바다를 따로 알지 못하니

물고기는 없고 오름만 있구나.

도업道業으로서의 화두라고 할 수 있다. 화두로서의 의미는 각자에게 던진다. 스님으로서의 의미는 깨달음에 있지만 시가 가진 문학으로서의 의미는 독자에게 주어진다. 의도는 도업스님만이 안다. 하지만 시집에 실린 시로서의 화두임을 염두에 둘 필요가 있다. 시를 만나 도업스님을 만난 듯 반가웠다. 도업스님. 시업으로, 도업으로 오름만 있어 흔연하시고, 낭소하소서. ■